Plus loin que mourir

Louise Cotnoir

Plus loin que mourir

Éditions du
Noroît

Le Noroît souffle où il veut, en partie grâce aux subventions du Conseil des Arts du Canada et de la Société de développement des entreprises culturelles du Québec. Les Éditions du Noroît bénéficient également de l'appui du Programme de crédit d'impôt pour l'édition de livres du gouvernement du Québec (gestion SODEC).

L'auteure remercie le Conseil des arts et des lettres du Québec pour l'aide qu'il lui a accordée durant l'écriture de ce livre.

Mise en pages : Turcotte design

Dépôt légal : 1er trimestre 2018
Bibliothèque et Archives nationales du Québec
Bibliothèque et Archives Canada
ISBN : 978-2-89766-134-2

DISTRIBUTION AU CANADA
Dimedia
539, boulevard Lebeau
Saint-Laurent (Québec)
H4N 1S2
514 336-3941

Éditions du Noroît
4609, rue D'Iberville, bureau 202
Montréal (Québec) H2H 2L9
Téléphone : 514 727-0005
lenoroit@lenoroit.com
www.lenoroit.com

DISTRIBUTION EN EUROPE
Librairie du Québec (DNM)
30, rue Gay-Lussac
75005 Paris

Imprimé au Québec, Canada

La vie donne à chacun le rôle qui le dépasse
dans lequel on n'arrive même pas à mourir.

PASCAL QUIGNARD
Les larmes

I

LA PEAU ABÎMÉE

Ces poèmes sont inspirés de la série de toiles intitulées *Spectres* de Eva Hesse.

Elle avançait en apprenant des choses dont elle n'avait même pas senti le début durant toute sa vie. D'où était venue l'idée ? De son corps. Et si son corps était sa destinée ?

Clarice Lispector
Le lustre

Il fait un temps d'enfance désertée. Je me vêts avec les robes des disparues. Le portrait se double : une femme, à la face à demi voilée d'un vert soufré, paupières baissées. Un golem l'escorte. Au bout de son bras tendu, une tête de mort bruyère. Des orbites révulsées. Le crâne, objet de culte, relique. Incessantes reprises de ses figures oblongues. Rituel ou son envoûtement. Par larges touches, elle enveloppe de lin l'effroi. Momie maléfique au regard ahuri.

Cavités osseuses et sourcils blancs, iris glauques, de travers. À peine une teinte trouble l'image. De biais sur les épaules, un châle ou un foulard en nœud coulant. Sur fond blafard, une agonisante en devenir. Et la bouche toujours ouverte sur l'épouvante. La mutation de la matière, sa décomposition obsèdent la sensibilité ardente. Contre l'effacement, la femme se réfugie dans l'espace pictural. Son mausolée.

La petite dort avec la sœur aînée, Hélène. En promenade, elle ne lâche pas sa main. Entre la maison et l'école, entre la salle de cours et le réfectoire. Dans le salon aux murs tapissés de tournesols, les yeux vides de sa mère. La petite se rappelle ses bas à plumetis, ses jambes continûment agitées. Les draperies tirées de jour comme de nuit. Des affiches suintent des remugles haineux. La petite perd pied, sombre dans une atmosphère onirique.

Une souffrance à hurler. Sa voûte crânienne sciée, tombeau ouvert. Le corps fétiche garde à vue cette précarité. Des portraits évanescents, à l'éclat indolent, glorieux. Son visage inachevé, d'une blancheur minérale. Elle tient bon, vivante insurgée, se défend. Petite veilleuse de nuit, elle rapaille ses frayeurs, s'imprègne de sa finitude, s'invente une dignité ultime. La femme se fait à l'idée de sa carcasse morcelée, soustraite.

Une lourde chevelure, une aura. Fragilité déchirante, une grâce. C'est un combat avec l'Ange posé sur son épaule gauche. Elle accueille ses autoportraits adoucisseurs d'angoisse. Toute répétition la rassure. Des lèvres dessinent un cœur. Un œil ouvert, un œil fermé. Rose le faciès à demi couvert de gris anthracite. Elle dérape hors de moi-même, happée par les réponses insuffisantes à l'obscurité de sa quête.

Trois mois sans sa mère. Un abandon inexplicable. La fillette rase les murs, s'y appuie. Sa tête affolée, un regard de fin du monde. Déchirement. Le jaune safrané de ses cheveux flottants. Des ailes pour s'envoler. Instable, la simplicité d'un dessin inachevé. Une enfant, en costume d'écolière, étreint une poupée sale. Ses globes oculaires, sans iris. Sous l'édredon à plumes d'oie, la fillette scrute le ciel d'un mauve puissant juste avant l'orage nocturne.

Ma détresse ne s'invente pas. Je fléchis sous le poids des âmes. Le buste bancal, barré d'obliques épaisses. Avec les franges d'un talit. Grands traits brossés, les seins cerclés, crémeux. Une horde familière s'impose en songes nébuleux. Silhouettes valsantes, en perte d'équilibre. Les morts ont ce don unique de ne plus vieillir. Ils reposent sous le plombé du ciel. Le presque aveuglement d'une nouvelle-née.

Un homme, une femme. Deux nus. Leur fausse maladresse aux protubérances flasques provoque. Insidieuse et ironique grossièreté des chairs débridées sur fond laiteux. Les corps ne se touchent pas, ne sont qu'arrogance. Des brouillons d'humains dans une étreinte mensongère. Je suis assaillie par la bouillie venue de l'antichambre mortelle. Des pleins, des déliés, une palpitation malgré la froideur. Ma passion pour le matériau brut. Et le périssable.

Un appartement au long corridor, plein de portes à verrous. Éviter que la tête de la mère ne se disperse, envahie par des énervements silencieux, plus inquiétants que ses cris. Des buildings en miroirs acérés, des monstres de voitures, des entrepôts délabrés. La ville nouvelle terrifie. Je me déplace dans un labyrinthe d'hallucinations, la vois en morceaux sur les vitrines des magasins. Fluctuation, tangage. J'apprends à la saisir de l'intérieur. Matière à exister, à disparaître. Ses petites mains s'accrochent aux bâtons de craie ou de cire.

Des êtres écrasés de désarroi, des ombres et leur guerre. Mince pellicule posée sur les figures aux yeux sans paupières. Peaux diaphanes, squelettes poreux n'apparaissent que pour s'évanouir. Dans cette vie du presque rien, du reniement, j'élabore un dialogue entre sa carcasse et son esprit. La femme évoque sous le voilage ce qu'elle ne peut pas encore clairement discerner. Je désire désarmer la terreur. Zone inaccessible derrière ma rétine.

Une raillerie pleine d'amertume. L'inventivité enfantine qu'elle déploie. Dérision. La femme soustrait aux lieux des formes languides, larvaires, qui se multiplient. Pinceaux, crayons, encres recouvrent les cicatrices anciennes. Perle l'ombre de leurs paupières bouffies. Mon travail trahit l'enjeu intime, exprime sa fracture d'être. Autobiographie irradiante avec des bruits affolants sous son crâne rasé. La confidence : ne plus être divisée.

Dans mon carnet, un ramassis de pense-bêtes : boîtes éventrées, journaux froissés, objets éparpillés sur le linoléum craquelé. Les cafards se collent aux lambeaux de la tapisserie. La femme fait des histoires, confond le genre des mots : de la gaze ou du gaz ? Elle évite le carrelage crasseux et glissant de la salle de bains. Sous son front, le souvenir de sa mère nue, à l'expression ruinée. Une large entaille à ses poignets comme des bracelets de rubis. Sur la surface peinte, ne subsiste à ma joue gauche qu'une larme.

La femme recrée ses absents en chair et en esprit, sortis de meubles secrets, pleins de tiroirs emboîtés. J'acquiesce à la vacuité du monde réel. Ces somnambules me rassemblent. Je ne désire que la matière et sa vérité. Elle pulvérise les réminiscences ou les cache sous des enduits, des glaçures vitreuses. Sédimentation. Son œil crevé, trou noir, se pose sur les chairs dégoulinantes. L'étau qui cercle ses évocations se desserre.

Une émeute au cerveau. Mes illuminés de l'intérieur. Zombies. Une barrette au dessin d'oiseau rapace retient sa chevelure. *Dibbouk*. Esprit malin de la mère suicidée. Les paroles du deuil scellées dans l'ébauche d'une bouche. Le visage prend une lueur sur un fond tarquin. En écho, les dessins des enfants de Térézín. Leurs barbelés reproduits avec une exactitude foudroyante. Hallucinants, leurs impensables sourires.

Le personnage féminin s'affole devant un homme portant un masque d'Arlequin. Fantoches dérisoires aux regards porteurs d'un demi-jour désenchanté. Impression d'inachèvement. Vertige programmé de sa finitude. Mornes figures en constante déambulation ou en migration de survie. Des pantins désarticulés. Une autre moquerie puérile, une séduction pour ses fantômes ou un exutoire à mes alarmes. L'intranquillité du vivant.

Au centre d'accueil, le plaid à carreaux pique. Sur les murs, des crucifix où pend un homme mis à la torture. Le rouge, une couleur dangereuse. L'air brumeux et froid. La pluie s'ajoute à l'eau du fleuve. Une odeur de rôti à la menthe, et des visages durs, sans sourire. Suspendu à un cintre, sa tunique au gris permanent. Ses ouvrages le répètent jusqu'au haut-le-cœur. Un exorcisme. Des coups de brosse colorent ma mémoire opalescente. Ils cachent mal la cruauté des exils. L'étoile de Sion à sa chaîne d'or brille au-dessus des fosses communes.

Incessantes reprises de la césure secrète, de ses états d'âme. Fixité des prunelles incendiées. La femme s'attache aux évadés de ses cauchemars, à ses ectoplasmes affligeants. Moi-même en perdition devant le frémissement des écorchées enveloppées de voiles souples, diaphanes. Portraits fractionnés. Profils délétères dansent sans bouger. Son esprit tourmenté ne converse qu'avec les cadavres. La raison du cœur.

Ni temps ni lieu. Seulement une fenêtre ouverte. Sur le fleuve. Depuis toujours, il y a un fleuve : l'Elbe, la Tamise et, plus tard, l'Hudson. Une géographie intime. La nuit, des maisons englouties, le couinement des rats. Les visages s'évanouissent sous des évocations chuchotées, des histoires de camps. Derrière son front, la fillette a des apparitions au bruissement d'os. Nimbé, auréolé, le côté droit tasse son buste, la chasse à son tour. Au-dessus du sourcil gauche, une tache de naissance inquiète.

Une maison vieille aux escaliers à pic. Une senteur de vêtements usagers. L'enfant respire la poussière des tapis élimés. L'été accable le minuscule jardin en friche. La grand-mère maigre et vive prépare des glaces aux fruits. Elle écoute des paroles ajourées, des expressions spécieuses. J'enjambe des ponts, si légère, sous la moiteur des feuillages. Le sucré d'une limonade à une terrasse. C'est une ville de passage, pleine de grues comme des squelettes sur une trouée de ciel. La petite voit venir sa famille de disparus : une fresque dans la lumière crue. Un chagrin sans nom.

Galerie d'âmes en pleurs. Les spectres accourent ou se dérobent. En suspension. La femme s'ajuste. Minces lignes pâles, clair-obscur morose. J'ai des jours d'amnésie, soumise à l'épreuve du néant. En larges couches translucides, rassembler les morceaux, les détritus. Dans l'odeur du monde, j'écoute respirer mes endormies, comme dans un rêve. En douceur, avec méthode. Théâtre d'effacement.

Forme fugitive. Mendiante ou évadée, la mère. Debout devant le bow-window aux tentures de velours frappé, elle s'enveloppe de sa pèlerine. Les mânes abandonnés dans l'immeuble cossu aux pieds dans l'eau. Sur la façade de pierre, une plaque de cuivre. Un nom, un titre. Dedans : le père, un effluve de café, des journaux épars. De l'autre côté du canal, un rideau d'ombres. Dehors : la neige obstrue l'horizon. Ne lui reste qu'une masse de chair silencieuse au cerveau.

Enfant trop sage, elle reprend ses gribouillis d'orpheline. Accéder en secret à la destinée de ses ancêtres. Des personnages trébuchent, coincés entre deux mondes. Anxieuses silhouettes sans décor, sur le point d'exister. Une danse des Ténèbres, sous un éclairage surnaturel. Raclée, la peau de sa tête, un *repentir*. Charcuté, mon cerveau. Elle chuchote à mon oreille : « Un jour, ils reviendront. » Pleins de grâce et de détresse retenues.

II

L'ÉPREUVE DE VOIR

Ces poèmes sont inspirés de la série photographique intitulée *La Morgue* d'Andres Serrano.

Notre cadavre est en quelque sorte notre poème fatal.

JACQUIE PIGEAUD
Poétiques du corps

Maison de verre ou variante du musée.
La morgue, un théâtre.

Quelques flâneurs parmi les indolents. Derrière la vitrine, je cherche des regards qui consolent.

Ici, les vivants importuns contemplent les clichés tels des tableaux de Maîtres.

Au plus près, sur fond opaque, leur violence.
Côte à côte, des moribonds désencombrés.
Splendeur épurée des anonymes.

Aucun frisson, aucune lamentation.

Une réification des émois.

Sortilège dans ce lieu de conservation.

Mon regard dévoyé n'est pas à la déploration, plutôt aux manœuvres dolosives.

Mon siècle affiche sa barbarie, griffée.

Sous le glacial, la montre de la plus grande violence. Une iconographie de carne dans un décor cauchemardesque.

Les dommages corporels comme centre d'attraction.

Dans l'entrepôt s'exhibent des figurants gagnés par une immense fatigue, des laissés-pour-compte de la place publique. Cabinet de curiosités ou reliquaire. Double mouvement : perversion et enivrement.

L'esprit oscille, se réserve de méditer sa peine.

Odeur de formol nuancée d'un effluve amer.

Le torse nu sur la table en acier, les organes vitaux en conserve sur les étagères parmi les produits chimiques.

L'immatérialité de l'embaumement. Maquillage et simulacre. Les transis, parfaitement hygiéniques.

Plus nus que nus.

Le cœur dans un tupperware demande grâce.

Je sais le savant retournement, la défiguration ou le fétichisme assumé au plus intime de mes ombres.

Un pied de femme sort des plis crayeux d'une housse mortuaire, retarde l'immobilité finale, déréalise la corruption. Stigmate d'une plaie ouverte. Chair de poule.

L'inimitable noblesse érotique d'une *Gradiva*. Suicidée.

Que me donnent à voir ces pupilles dilatées ? Sinon l'influence néfaste des astres ou leur foudroiement ?

L'outrage magnifié par la langueur du jour. Le suaire de coton tissé ondule sur le front. On dirait une œuvre de la Renaissance. Sur le mur chaulé, le scandale mis sous verre, encadré.

Hors de moi, la figure. Avec l'émail des canines prêtes à mordre.

La mère est venue, glacée d'épouvante. Statufiée. Son lait a tourné durant la toilette funéraire de son petit amour.

Comment ne pas baiser le peton potelé ? Comment renoncer au frémissement joyeux sous les chatouilles ?

L'enfièvrement du derme et la délicatesse de la cheville enrubannée.

Sérénité de l'enfant mort.

Menton ceint d'une gougère en résille immaculée. Une Koré pierreuse aux lésions tangibles.

Le plissage de l'étoffe indigo voile à peine le visage. La couleur fuit sous les ongles, les crocs.

Les Quatre Cavaliers de l'Apocalypse me sautent à la gorge.

En état d'urgence, j'appelle au secours les enluminures, les tapisseries et les gravures.

Beauté endormie, enveloppée dans un drap passé au bleu, la fillette baignée.

Acte de naissance ou de décès.

La table à langer mutée en autel du sacrifice. L'ultime hommage d'un *Tombeau*.

Le cheveu fin, bouclé. À l'oreille-coquillage, une perle. Parure de faux jais. Plus de cris, de hoquets, de vomis. Derrière le masque pacifié errent des songes vénéneux.

J'entends les secrets de famille bien gardés.

De terribles mensonges tus.

Sournoise, la table d'écriture.

Sanctuaire de solitude plurielle et menace de mort pour les oiseaux nyctalopes.

Fascination translucide de l'appareil-voyeur devant la beauté mensongère. Mon cœur se serre, désarçonné.

Dans le blanc de l'hiver, je résiste jusqu'à ce que, du poème, se dégage une sérénité bruissante.

La promiscuité avec la matière en dépérissement, soudain, m'éblouit.

Mes hôtes transitoires restent à l'affût comme si leurs yeux bouffis quêtaient une indignation fraternelle, une protestation muette dans la nuit des vivantes.

Ne sommes-nous pas de la même glaise ?

Farce cruelle ou oxymore : la beauté de la laideur dans un écrin feutré.

La mort faite *œuvre*.

Face à face, j'éprouve un calme apaisant :
« Ce n'est pas moi. »

Sa cagoule grenat redouble ma terreur.
Bourreau et macchabée confondus.
Le tissu sur la rigidité de la dépouille et le clair-obscur :
fabuleux tableau de Rembrandt.

Habiller la duperie.
L'image en porte-à-faux.
Il m'est interdit de voir : l'égorgement.

Ici, je suis frappée de stupeur.

Battu, poignardé, étranglé.
Les pauvres qualificatifs des faits divers.

Les connivences charognardes.

J'avale les vocables anesthésiés avec la peau, le sang. Des matériaux singuliers pour la prose.
Les contusions, les marques livides, la souffrance.

Les mots trichent, inaptes à rendre l'impudeur de l'épreuve.

Seule, la photo cruellement radieuse hurle.

Attractions irrésistibles, le rouge vermeil et l'éclairage crépusculaire d'un Caravage.

Je couvre de baisers le tendre de la nuque.

Le cortège de motifs réitérés avec le murmure de l'eau sur le marbre lugubre.

Nul pourrissement, nul parfum de tubéreuse, nulle répulsion.

Simple panne de cœur.

Parfois, la morgue est pleine d'égards pour les endeuillés.

Chambre noire, chambre froide.

Une atmosphère de folie, un relent d'abattoir dans le frémissement de mes phrases perdues, javellisées pour faire entendre les coups, les injures.

Aux Temps Anciens, déjà, les peintres camouflent, retouchent les ensommeillés avec des fards, des accents.

Une chapelle ardente pour accompagner les allants à leur perdition ?

D'où m'est venue l'idée d'une déclaration d'amour ?

Discret magnétisme.
Les plis drapés enchâssent le velouté du petit minois. Une Pietà à la Michel-Ange.
Sans mère.

Le nouveau-né résiste avec pudeur, impose une poétique de la laideur transfigurée.

Ma parole s'éclipse.
La vie, même abîmée.

Traversée des siècles jusqu'aux sacrifiés contemporains.

Les scènes s'auréolent d'une clarté opalescente. Obscénité esthétique, atrocité des styles, et sophistication. Meurtre, viol, inceste, suicide soumis aux règles antiques, à l'imitation. Répulsion instinctive ou vulnérabilité.

Mise en demeure du poème.

L'écriture hésite, se reprend et tremble.

Une robe de noces à demi retroussée au-dessus d'une moue chagrine.

L'échancrure du suaire ouvre un passage étroit vers la gorge.

Gros plan sur l'opulence des chairs rapiécées. Grossier ravaudage. Boursouflures, froissures s'enfoncent au creux de la prunelle avec l'arme blanche.

Le cadavre, une nature morte comme une autre.

Mélancolie sur le front mis à nu.

Il y a là de la confiance, de l'aveu : premier et dernier sommeils.

Cheveux hirsutes sous le vent d'été comme les akènes de pissenlits.

Une illusion sensible, un calme endeuillement m'éprouvent.

Braquage sur le derme tacheté.
Fleurs de cimetière.
L'ironique de la métaphore.

Maigreur luminescente, fines crevasses des lèvres en quête de ma voix.

Plus de respiration chuintante, de toux maculée de sang, de noyade mauve.

Maudite ou pâmée sur un air d'opéra. Marguerite ou Violetta au souffle hachuré s'évanouissent.

Des fleurs fanées sur les sépulcres blanchis.

Ma langue coupée s'accommode de leurs murmures.

La machinerie imaginaire aux récits affolants ruse et rivalise avec l'anomie de mon époque.

Mes mots vidés avec les ordures domestiques pour être compostés.

Un visage en sang, un poignet carbonisé, des ongles crasseux.

Plus tolérables la sauvagerie, l'outrage en pièces détachées !

Bannies la corruption, la flétrissure.

Sans comptines, où s'envolent mes rêves ?

Du berceau à la tombe, une telle épure, une telle grâce.

Reliquat du ventre maternel, ces fontanelles encapuchonnées. Ange de candeur ou putto de marbre au-dessus d'une stèle.

Au mobile, les oiseaux rapaces aux becs crochus tournoient.

Des soleils filent sous mon front nimbé de lumière.

Marque-page à l'effigie d'une Sainte et Martyre.

Ses mains chastes sur les aréoles, ongles manucurés et vernis de la gisante.

Aucun avilissement.

Dans le rectangle trompeur, fourbes le derme pur et l'absence de pustules ou de tumeurs cutanées.

Le tueur se loge au creux de ses veines.

Ma paume droite couvre sa main gauche. Lisse et vaine protection.

Perfection interchangeable. Anatomies corrigées, mutilées, soumises aux diktats du beau. Mannequin, star, idole.

La contemplation des vulnérables humains sature mon cerveau. L'érosion des images infestées noie mon esprit de gestes équivoques.

Les paroles ombrent ma bouche.

Silence grave comme le néant.

Veilleuse de faux sommeil, l'écriture a l'œil vitreux du moribond à l'étal.

III

UNE CLARTÉ ÉBLOUISSANTE

Ces poèmes sont inspirés de la série de tableaux
Nous ne sommes pas les derniers d'Antonio Zoran Mušič

Chacun porte ses yeux comme un danger.

ROBERT ANTELME
L'espèce humaine

Ma fascination et ma terreur
Égales

La laideur sa vérité
Une force et une somptuosité
Intérieures
Illuminent mes ténèbres

Des bouts de papier
Un dépositoire
Pour trois crânes rasés
Aux orbites scintillantes
Comme des astres
Éteints

Mon œil infesté
Par le chantier mortuaire
Fusion du temps et de l'espace
Où des humains ont eu lieu

Des chevaux enlacés   immobiles
Une brume enveloppe leur crinière
Une odeur douceâtre
Un peu aigre
De première neige

Le déni féroce
D'une croupe rayée
Comme la veste de haine

Sur la toile
L'inséparable des corps   des cendres
Dans l'exténuation

Entre les barbelés
Et les entrelacs durs
L'écartèlement de la beauté
L'invraisemblable et le naturel
De l'art lazaréen

Mon cri encombre
Les côtes saillantes
Mes yeux se perdent au fond des bouches
Édentées
Les noctiluques s'échappent
En réfraction oculaire

Il s'agit de réparer mon âme
En gestes vifs lignes nerveuses rayures

Les gutturales aboyées
À coups de trique
Étourdissent
Ma pensée sauvage
Un imagier de mémoire
Legs tremblant
Jusqu'à ne plus savoir
À quel monde j'appartiens

L'intolérable brûlure
Du désinfectant à bétail
L'odeur d'animal
Calciné
M'envahissent

Mes mots en boules
Mordus avec le pain rassis

Dans la chaleur accablante
Des stères
De cadavres

S'en évade parfois
Un mort
Vivant

Magnificence des tons
De passeroses
À Venise ou à Byzance
Mosaïques d'églises
Paysages sereins
Tout droit sauvés
De l'enfance les motifs
Dalmates

L'arrondi d'une colline
Sous un voile de poussière cuivrée
Lieux endormis
D'où jaillissent des points
De caboches chauves

Des morts sans suaire
Les mains timides
Aux têtes d'enfants
La cohérence insensée
Des gribouillages

Corps pétris déchiquetés
Monceaux de viande
À l'étalage

Mon regard fasciné
D'animal surpris
Par la lumière brutale   brusque
Du carnage

Je ferme les yeux
Sur leur nuit

Démembrement intérieur

Louis Aragon, « Chanson pour oublier Dachau »,
dans *Le Nouveau Crève-Cœur*, Paris, Gallimard, 1948.

L'univers asphyxié
Des baraquements
Un kaddish susurré
Au-dessus de la mêlée
De peaux cristallines

Me déprendre le cerveau
De ces carnes dépecées
De ces agonies rances

Promiscuité anonyme
Puanteur et faim
À me ronger
Les ongles

Des esquisses de chevaux
Longent au pas
Les massifs calcaires   paisibles
Immuables des Dolomites
Rouge sang

Les cadavres
En arceaux
Forment des monticules
Coupoles sombres
Parasols éteints

L'envasement
Des encore parlants

Fascinée
Par l'enchevêtrement de squelettes
Comme des fragments d'opale
Des amoncellements
De membres désarticulés
Comme des plaques de verglas
Irisées d'obsidienne
Laque volcanique

Disparue, mon innocence
Avec ma boîte d'aquarelle

Six coloris
Flous et délicats
Pour figurer la sidération

Cillement des paupières
Face au flot d'épouvantails
Enfoncés
Dans une brume laiteuse

Des coloris de bois mouillé
De terre
Nulle mauvaise herbe
Un décor désertique
D'un admirable isolement

Une étoile pervertie
À la place de mon cœur

Une langue indéchiffrable
Tatouée

N° 128231

Le tremblement d'un bout
De craie de couleur
Sur le carton dérobé
Recrée un jour o*rdinaire*

Mon émotion périlleuse
Sans pitié
Frappe le paysage errant
De l'enfance

Sur la place d'appel
On joue à la balle
Avec un crâne

Vision d'épiphanie

Sous la pointe de plomb
Une page de garde volée
Des croquis prennent d'assaut
La violence endémique
Incarnation du monstrueux

Le monde à la renverse
Mes bras comme des ailes
Repliées
Vacillement et cadence

Avec les loques
Aux pendoirs
J'attends l'hospitalité
Dessous les couches anthracite

Au-delà des miradors
J'imagine les peupliers
Grisards   des chants oiseaux
Et le moelleux d'un blanc
D'Orvieto

Si vulnérable mon cœur

Le gris brumeux respire
Je ramasse d'un trait
D'une courbe
L'étiage humain

La fragilité de mes os
Sur fond de graffitis
Avec une grâce pathétique

Les mourants
À la limite extrême
Leurs genoux fléchissent
Mouvements outrés

Presque une danse lascive

Leurs hanches dénudées
Supplient
Une jouissance dernière

Dernière tendresse
D'un rai de lumière

Mon carnet
Adéquation parfaite
Aux dessins faméliques
Ébauches en miniatures
Et matériaux pauvres
De la craie   du graphite

Mes mains écorchées
Mes doigts raidis
Apprivoisent la blessure
Inventent
Le gardien d'êtres

La nuit avale la potence
Où pendent des êtres chosifiés
Aux cris intouchables

L'impassible des heures

Je contemple inquiète
L'intensité mouvante
Comme le marécage

Cette infamie
Se savoir oubliés
Dans l'espace des vivants

Silhouette en dessiccation
Tronc effrité
Les poings fermés
D’un homme fossilisé

Ou ceux d’un nourrisson
Aux pupilles dilatées

Vives inquiétudes
Frénésies
Dévisagent l’insoutenable
Mon âme égarée
En elle-même

Je consulte
Mes archives
Lignes plombées

Traces intrusives
D'une machinerie folle
La nudité des os empilés
Confondus au limon
De l'Adriatique

Trait après trait
Des détails vulgaires

De quelle guerre sont sortis
Les revenants fluides

Et l'impensé

L’irradiation de mon visage
Terriblement calme
En voie de transfiguration

Une peau filetée
La transparence des chairs
En liquéfaction

Quel est donc ce lieu
Si peu étanche
Entre l’aquarelle
Et le camp

La mort

Un cercle de bistre
Pour les cavités
Et les bouches affamées

Le corps dévore le corps

Latence mémorielle
Trois têtes en grande conversation
Avec la fatalité

L'instantanéité pérenne
De bêtes sanglantes
Aux crochets des abattoirs

Un précipice
Ou une lueur crépusculaire

Pour un reste de vie
Ma grisaille

Hachures rapides
Contours accentués

Noircir   noircir

L'ambivalence du regard
Jusqu'à la stupeur

Cour des Miracles

Les moribonds allégés
Titubent
Ivres de faiblesse

Les spectres en haillons
Avec le poids de leurs remugles
Rances d'urine

Une provocation triviale
Et sublime
Contre mon effroi

Une élégance fêlée
Pour ma traversée
Sans retour

Encore quelques pas
Comme au Théâtre Antique
Où se mélangent
Le familier à l'étrange

À la rencontre de cette mort singulière
Le corps va

Happé par l'acide
Vertigineux
Et ramène l'image
À la lumière
D'une âme envolée
En fumée

Œuvres de ruines
Pour mes fouilles archéologiques
Dans la permanence
Indestructible du barbare

Révélations des secrets
À la charge de mes disparus
Ou de mes revenants

Pei ntures et gravures
D'une époque hallucinante
Avec une désespérance méditée

Raisonnablement

De l'obscénité
Émerge un éclair éblouissant

Comme mon ultime politesse
Envers *L'espèce humaine*

L'apparition de dépouilles abritées
Sous un estampage
De poussière incandescente

De la lumière méditative
Se lève
Venu de l'interdit obscur
Mon désir

Aller plus loin que mourir

Robert Antelme, *L'espèce humaine*, Gallimard, coll. Tel, 1957, Paris.

TABLE DES MATIÈRES

I La peau abîmée 9

II L'épreuve de voir 35

III Une clarté éblouissante 63

DE LA MÊME AUTEURE

POÉSIE

Vanessa Bell sœur de Virginia Woolf, Montréal, Éditions du Noroît, 2016.

Les sœurs de, Montréal, Éditions du Noroît, 2011.

Les îles (poésie) (nomination au Gouverneur général du Canada 2006), Montréal, Éditions du Noroît, 2005.

Nous sommes en alarme, Montréal, Éditions du Noroît, 2000.

Dis-moi que j'imagine (nomination au prix Alain-Grandbois de l'Académie des lettres du Québec 1997 et au Prix du Gouverneur général du Canada 1996), Montréal, Éditions du Noroît, 1996.

Des nuits qui créent le déluge, coll. « Poésie », Montréal, Éditions de l'Hexagone, 1994.

Asiles, coll. «Connivences», Montréal, Les Éditions du remue-ménage, 1991.

Signature païenne, coll. « Connivences », Montréal, Les Éditions du remue-ménage, 1989.

Comme une chienne à la mort, coll. « Connivences », Montréal, Les Éditions du remue-ménage, 1987.

L'audace des mains, avec six dessins de Célyne Fortin, Saint-Lambert, Éditions du Noroît, 1987.

Tension, Montréal, Les Éditions nbj, 1984 (épuisé).

Les rendez-vous par correspondance, suivi de *Les prénoms*, (deuxième prix au prix Alfred DesRochers 1984 et nomination au prix Émille-Nelligan 1984), coll. «Connivences», Montréal, Les Éditions du remue-ménage, 1984.

Plusieures, coll. « Les Rivières », Trois-Rivières, Écrits des Forges, 1984.

ROMAN

La frère d'Antigone, Montréal, Druide, coll. « Écarts », 2017.

NOUVELLES

Le cahier des villes, Québec, 2009.

Carnet américain, (mention spéciale du jury au prix Adrienne-Choquette 2004 et 2e prix au prix Alfred-DesRochers 2003), Québec, 2003.

La déconvenue (mention spéciale du Jury du Grand prix de la nouvelle, France, Salon du livre du Mans, et nomination au prix Desjardins de la nouvelle 1994), Québec, 1993.

ESSAI

« Des rêves pour cervelles humaines », dans *La Théorie, un dimanche,* (avec Louky Bersianik, Nicole Brossard, Louise Dupré, Gail Scott et France Théoret), coll. «Itinéraires féministes», Montréal, Les Éditions du remue-ménage, 1988 (réédition 2018).

THÉÂTRE

Si Cendrillon pouvait mourir ! Le show des femmes de Thetford Mines (collectif), (deuxième prix au prix Alfred-Desrochers 1984), coll. « Théâtre », n° 5, Montréal, Les Éditions du remue-ménage, 1980.

TRADUCTION EN ANGLAIS

Daring Touch, traduction de *L'audace des mains* sous le titre de *The Audacity of Hands* et de *Dis-moi que j'imagine* sous le titre de *Tell Me I'm Imagining This,* traduction d'Antonio D'Alfonso, Victoria (BC), Ekstasis Editions, 2017.

The Islands, traduction de *Les îles* par Oana Avasilichioaei, Hamilton, Wolsak & Wynn, 2011.

« Dreams for Human Brains » dans *Theory, A Sunday, traduction* de Erica Weitzman, (avec Louky Bersianik, Nicole Brossard, Louise Dupré, Gail Scott et France Théoret), Brooklyn (USA), Éditions Belladonna, coll. « Germinal Texts 1 », 2013.

LIVRE D'ARTISTE

« Les voûtes » (poème), dans *Déjouer*, avec des œuvres originales (carbone et acrylique) de Marie-Claude Bouthillier, et des textes de Martine Audet, Louise Cotnoir, Denise Desautels, Louise Dupré, Diane Régimbald et Élise Turcotte), vingt-deux exemplaires sur papier Arches signés et numérotés, Éditions Roselin, 2013.

« À la dérive » (poèmes) dans *De la mer au fleuve*, Création Bell'Arte, Champs-Vallons, édition tirée à 7 exemplaires, couverture papier népalais, œuvres visuelles sur toile, 2005.

Théorie (livre-objet, poésie), conception artistique et réalisation Azélie, Zee Artand, Montréal, Les Éditions-zélastiques, 1983.

Plus loin que mourir
a été composé en Clifford Nine Roman 12 sur 14
et achevé d'imprimer par l'imprimerie Gauvin
le 30e jour du mois de mars de l'an deux mille dix-huit
pour le compte des Éditions du Noroît

Direction littéraire
Paul Bélanger
Patrick Lafontaine

MIXTE
Papier issu de
sources responsables
FSC® C100212
FSC
www.fsc.org

Le logo du Noroît est extrait
d'une eau-forte de Marc Séguin.